Paramahansa Yogananda
(1893-1952)

Relationen Guru- Lärjunge

av
Sri Mrinalini Mata

Det engelska originalet publicerat av
Self-Realization Fellowship, Los Angeles, California:
The Guru-Disciple Relationship

ISBN: 978-0-87612-360-7

Översatt till svenska av Self-Realization Fellowship

Copyright © 2022 Self-Realization Fellowship

Alla rättigheter förbehålls. Med undantag av korta citat i bokrecensioner får ingen del av *Relationen Guru-Lärjunge (The Guru-Disciple Relationship)* reproduceras, lagras, överföras eller visas i någon form (elektronisk, mekanisk eller annan) som existerar idag eller i framtiden – omfattande fotokopiering, inspelning eller något annat system för åtkomst eller informationslagring – utan skriftlig tillåtelse i förväg av Self-Realization Fellowship, 3880 San Rafael Avenue, Los Angeles, California 90065-3219, U.S.A.

 Auktoriserad av International Publications Council of Self-Realization Fellowship

Self-Realization Fellowships namn och emblem (som visas ovan) återfinns på alla SRF:s böcker, inspelningar och andra publikationer, vilket garanterar läsaren att verket har sitt ursprung i den organisation Paramahansa Yogananda skapade och som troget följer hans undervisning.

Första svenska upplagan, 2022
First edition in Swedish, 2022
Denna tryckning, 2022
This printing, 2022

ISBN: 978-1-68568-080-0

1599-J07647

– ✧ –

*Det finns en Kraft som lyser upp
din väg till hälsa, lycka,
frid och framgång - om bara du vill
vända dig mot detta Ljus.*

        Paramahansa Yogananda

– ✧ –

Relationen Guru-Lärjunge

AV SRI MRINALINI MATA

*En föreläsning som gavs i samband med
Self-Realization Fellowship Golden Anniversary
Convocation, Los Angeles, den 7:e juli, 1970*

Gud sände oss till den här världen för att spela med i ett andligt drama. Som individuella avbilder av Honom själv, har våra liv ett enda syfte: Att lära och genom lärandet att växa och genom kontinuerligt växande slutgiltigt uttrycka vår sanna natur och därmed återvända till vårt ursprungliga tillstånd - ett med Gud.

När vi, som unga själar, påbörjar vårt jordiska äventyr lär vi oss inledningsvis genom trial-and-error. Vi utför en handling och om den ger ett bra resultat, upprepar vi den. Men om ett särskilt agerande orsakar oss smärta gör vi hädanefter allt för att undvika det.

I nästa steg lär vi oss genom att studera andras exempel. Vi iakttar vår familj, våra vänner och människor i vår omgivning och drar slutsatser genom att analysera deras misslyckanden och framgångar.

Våra erfarenheter för oss ständigt framåt, mot en djupare förståelse av vårt liv på jorden, tills tiden är inne för var och en av oss att inleda ett ärligt sökande efter Sanningen. Den människa vars medvetande har nått detta stadium frågar sig själv: "Vad är liv?" "Vad är jag?"

"Varifrån kommer jag?" Och Gud svarar en sådan sökare genom att leda honom till en lärare eller till religiösa och filosofiska böcker som tillfredsställer denna gryende törst efter förståelse. Allt eftersom sökaren insuper kunskap från andra, ökar hans insikt och med den hans andliga växande. Han rör sig ännu lite närmare Sanningen, eller Gud.

Till slut blir även denna kunskap otillräcklig. Han börjar längta efter en personlig upplevelse av vad Sanningen är. Hans själ får honom att tänka: "Inte kan väl den här världen vara mitt riktiga hem! Inte kan väl jag vara endast den här fysiska kroppen. Det måste finnas någonting mer med det här livet än vad mina sinnen nu uppfattar, någonting som existerar bortom graven. Jag har läst om Sanningen, jag har hört om Sanningen. Nu måste jag få veta!"

Som svar på sitt barns plågade rop sänder den omtänksamme Fadern en upplyst läromästare, en som nått insikt om *Självet* och vet att *Självet* är Ande. En sann *guru* - en sådan vars hela liv är en obehindrad manifestation av det Gudomliga.

Definitionen av en sann Guru

Swami Shankara[1] beskrev en guru så här: "En sann guru saknar motstycke i de tre världarna. Om "de vises sten" kan antas vara äkta, kan den endast förvandla järn

---

[1] Indiens största filosof. Såsom omorganisatör av Indiens forntida Swami-Orden (på sjuhundra- och åttahundratalet e.Kr.) var Swami Shankara en sällsynt kombination av helgon, lärd person och handlingsmänniska.

till guld, inte till en annan "de vises sten". Den vördade läromästaren å andra sidan, återskapar en jämlike med sig själv i den lärjunge som tar sin tillflykt vid hans fötter. Gurun är därigenom ojämförlig eller med andra ord, transcendental."

Paramahansa Yogananda, guru och grundare av *Self-Realization Fellowship* sa: "Gurun är den vakna Guden som väcker den sovande Guden i lärjungen. Genom sin empati och djupa klarsyn ser en sann guru hur Gud Själv lider i de fysiskt, mentalt och andligt fattiga. Därför tar *gurun* det som sin glädjefyllda uppgift att hjälpa dem. Han försöker mata den hungrige Guden i den utblottade, väcka den sovande Guden i den okunnige, älska den omedvetne Guden i fienden, och egga upp den halvvakne Guden i den längtande sökaren. Med en mild och kärleksfull hand väcker gurun ögonblickligen den nästan vakne Guden i den andligt avancerade sökaren. En guru är den mest generösa bland människor. Liksom hos Gud själv vet hans generositet inga gränser".

Paramahansa Yogananda beskrev på detta sätt den oändliga förståelsen, den outsinliga kärleken, den allestädes närvarande och all-omfamnande medvetenheten hos en sann guru. De priviligierade *chelas* (lärjungar) som kände Paramahansaji[2] såg dessa attribut fullkomligt manifesterade i honom.

---

[2] "Ji" är ett respektfullt suffix som adderas till namn eller titlar i Indien.

Relationen Guru-Lärjunge

Vårt av Gud skapade universum fungerar enligt en välordnad kosmisk lag och relationen guru-lärjunge är baserad på denna lag. Det är gudomligt föreskrivet att den som söker Gud ska komma att introduceras till Honom genom en sann guru. Därför: När en sökare ärligt önskar lära känna Gud, kommer hans guru. Endast någon som känner Gud kan lova: "Jag kommer att introducera dig till Honom." En sann guru har redan hittat vägen till Gud, följaktligen kan han också säga till *chelan:* "Tag min hand. Jag ska visa dig vägen."

Guru-lärjunge relationen omfattar de discipliner och principer av rätta handlingar som chelan måste följa för att förbereda sig inför mötet med det Gudomliga. När lärjungen, med gurus hjälp, uppnår fulländning uppfylls den gudomliga lagen och gurun kan introducera honom till Gud.

Att vara lojal gentemot Gurun och hans lära

Den första principen i överenskommelsen mellan *guru* och *chela* är lojalitet.

Egot, medvetenheten och självhävdandet av det lilla "jaget", är det som håller oss borta från Gud. Bannlys egot och i samma ögonblick inser du att du är, alltid har varit och alltid kommer att vara ett med Gud. Egot är ett moln av villfarelse som omger själen, skymmer och förvränger dess rena medvetande med ändlösa feltolkningar av självets och världens sanna natur. En effekt av egots förvillelser är ombytlighet. Allt eftersom sanningssökaren börjar manifestera sina själsliga kvaliteter, överger han denna opålitliga egenskap och blir en lojal och förstående person.

Lojalitet gentemot gurun är ett av de viktigaste stegen i relationen guru-lärjunge. De flesta människor har inte fulländat sin lojalitet ens gentemot sina barn, sin man, hustru eller sina vänner. Det är anledningen till att begreppet "lojalitet gentemot gurun" till stor del har missuppfattats. För att bli en sann lärjunge måste *chelan* vara lojal mot den av Gud utsände gurun: Han måste troget stanna vid och ha fokus endast på sin gurus undervisning.

Lojalitet är inte trångsynthet. Ett hjärta som är troget Gud och Hans ställföreträdare på jorden är storsint, förstående och medkännande med alla varelser. En lärjunge som har sitt fokus på ovillkorlig lojalitet gentemot sin guru och hans undervisning får rätt perspektiv på alla andra manifestationer av Sanningen och kan därigenom ge var och en av dessa vederbörlig uppskattning och respekt.

Paramahansaji tog upp detta ämne vid många tillfällen. Han sa: "Innan människor har lärt sig att vara balanserade kan de känna oro inför att välja en enda väg. I sin önskan att framstå som fördomsfria tar dessa ytliga sökare urskillningslöst till sig alla möjliga idéer. Utan att först, genom insikt, urskilja om där finns en essens av sanning. Resultatet blir en andligt svag, utspädd medvetenhet.

Även om jag kärleksfullt respekterar alla sanna religioner och dess andliga lärare kan ni se att jag är obrottsligt trogen min egen."

"Alla sanna religioner leder till Gud" fortsatte han. "Sök tills du finner den andliga lära som attraherar och fullt ut tillfredsställer ditt hjärta, och när du hittat den - låt inget störa din lojalitet igen. Ge den vägen din fulla uppmärksamhet. Fokusera hela din medvetenhet på den och du kommer att uppnå de resultat du söker."

Gurudeva[3] Paramahansaji gjorde följande jämförelse när han pratade om lojalitet: "Om du är sjuk går du till en doktor som ger dig medicin för att bli frisk. Du tar med medicinen hem och använder den enligt doktorns ordination. När dina vänner kommer på besök och får höra om ditt tillstånd kommer var och en att utbrista: 'Åh, jag vet allt om den där sjukdomen! Du måste absolut prova den och den kuren.' Skulle tio personer få dig att testa tio olika botemedel vore dina chanser att tillfriskna ganska små. Samma princip betonar vikten av lojalitet till gurus instruktioner. Mixa aldrig andliga råd."

Gudomlig lojalitet innebär att man tar tag i sin splittrade uppmärksamhet, tillgivenhet och kraft och koncentrerar sig fullt ut på det andliga målet. Den lojale lärjungen färdas snabbt längs vägen mot Gud. Paramahansaji

---

[3] "Gudomlig lärare" - den på Sanskrit vanliga benämningen för andlig lärare.

beskrev guruns roll så här: "Jag kan hjälpa dig mer om du inte urvattnar dina krafter. Intoning med gurun kommer när man är hundra procent lojal med honom, hans medarbetare och aktiviteter, genom att villigt följa hans råd (verbala som skriftliga instruktioner), genom att visualisera honom i det *andliga ögat* och genom villkorslös tillgivenhet... I de själar som är intonade med honom kan gurun etablera ett Guds tempel." Endast genom lojalitet kan man effektivt koncentrera sina krafter på att söka Sanningen. Den lojale lärjungens medvetenhet magnetiseras av gudomlig kärlek och dras på så sätt obevekligt till Gud.

Efterlevnad utvecklar förmågan till urskiljning

Trohet mot, eller överlämnande till, guruns vägledning är en annan av grundpelarna i guru-lärjunge relationen. Varför denna gudomliga nödvändighet? Vi människor måste lära oss att lyda en högre visdom för att kunna övervinna det kompakta egot och dess egentillverkade illusioner. Genom oräkneliga inkarnationer - från den tid då vi var de mest omedvetna bland människor - har vårt ego fått styra. Det har dikterat vårt beteende, våra åsikter, vad vi gillar och ogillar, genom att binda oss till våra känslor och sinnen. Egot förslavar viljan och låser medvetenheten till den begränsade mänskliga formen. Pendlande humör, vågor av känslor och skiftande åsikter stör hela tiden vårt medvetande. Det vi föredrar idag kan vi se annorlunda på imorgon, vilket gör att vi börjar leta efter något helt annat.

Detta ombytliga medvetandetillstånd gör oss blinda inför Sanningen.

En absolut nödvändighet i en *chelas* lärjungeskap är förmågan att böja sin odisciplinerade och vimsiga vilja inför guruns visdom - att överlämna sin egocentrerade vilja till guruns gudomligt intonade. Lärjungen bryter på detta sätt det begränsade egots kraftfulla grepp. När Paramahansaji blev lärjunge i Sri Yukteswars *ashram* sa hans guru följande: "Tillåt mig att få disciplinera dig. Den fria viljan består inte i att låta prenatala och postnatala vanor eller mentala idéer få styra fritt. Den handlar om att agera utifrån de förslag som erbjuds genom visdom och fria val. Om du tonar in din vilja med min, kommer du att finna frihet."

Hur tonar en lärjunge in sin vilja med sin gurus? Varje andlig väg har sina egna föreskrivna regler. *Sadhana* är den indiska termen för andlig disciplin - de "att göra" och "inte göra" vilka gurun definierat som nödvändiga i *chelans* sökande efter Gud. Genom att uppriktigt och efter bästa förmåga följa dessa instruktioner, samt genom ständiga ansträngningar att med sitt eget uppförande glädja gurun, raserar chelan varje barriär som egot har rest mellan sin egen och guruns vilja.

När lärjungen följer sin gurus råd, upplever han hur hans egen förslavade egoistiska vilja gradvis befrias från begär, vanor och humörsvängningar. Och hans sinne, en gång så rastlöst och ombytligt, upphör att vara splittrat och utvecklar förmågan till djup koncentration. Allt eftersom sinnet fokuseras, börjar den mentala visionen framträda tydligare. Slöja efter slöja av missuppfattningar och förvirring lyfts. De otaliga felsteg som tidigare kunde kännas riktiga men som endast ledde till lidande, blottas i ett bländande perspektiv av sanning. Lärjungen *vet* då vad som är rätt, vad som är sant. Han är förmögen att skilja mellan gott och ont. Paramahansaji lärde ut att urskillningsförmåga består i att kunna utföra det som bör göras, när det bör göras.

För att nå framgång på den andliga vägen måste lärjungen utveckla förmågan till urskiljning, annars tenderar hans instinkter, känslostämningar, vanor och gamla känslotendenser, inhämtade under otaliga inkarnationer, att fortsätta leda honom vilse.

Till dess att lärjungens urskillningsförmåga är fullt utvecklad, är lydnad och underkastelse inför gurus guidning hans enda hopp om räddning. Det är gurus omdöme som räddar honom. *Bhagavad Gita* (IV:36) lär ut att visdomens flotte bär även den störste bland syndare över villfarelsens hav. Genom att följa den sadhana som gurun har föreskrivit, bygger lärjungen sin egen räddningsflotte av visdom.

Lärjungens lydnad måste vara uppriktig och komma från hjärtat. Att spela hängiven inför gurun och samtidigt låta egot fortsätta styra ens vanor är bortkastat. Den som fuskar i sina ansträngningar på den andliga vägen lurar bara sig själv.

De *chelas* som bad om att få Gurudevas fostran, fick följande enkla råd: "Be ständigt om att på alla sätt kunna glädja Gud och guru." Dessa ord summerar hela *sadhanan*. Att efterleva dem är dock ingen enkel sak, det krävs mer än bara passiv kärlek och erkänsla inför Gud, gurun och den andliga vägen. Även om den kommer från hjärtat är denna bön i sig själv inte tillräcklig. Paramahansaji sa ofta att han inte tyckte om att höra människor utbrista "Prisa Gud! Prisa Gud!" - som om Herren vore en bortskämd dam med förkärlek för smicker. Det där gör inte Gud glad" sa han. "Gud gråter över oss, över alla Sina barn som är vilse och lider i villfarelsens mörker." Gud och guru vill endast vårt högsta bästa: Frihet från denna värld av förvirrande motsägelser - hälsa och sjukdom, njutning och smärta, glädje och sorg - och en trygg och säker hamn i den ständigt nya lycka som är den oföränderliga Anden.

Rätt beteende är med andra ord det som möjliggör för Gud och guru att hjälpa oss till sann frihet. Konsekvent rätt beteende är dock endast möjligt när man praktiserar lydnad och underkastelse till Gud genom Hans kanal - gurun.

Respekt och ödmjukhet inför
Guds representant på jorden

På varje altare i Self-Realization Fellowships tempel finns bilder av Jesus Kristus och Bhagavan Krishna tillsammans med våra *paramgurus* - Mahavatar Babaji, Lahiri Mahasaya, Sri Yukteswar, och vår guru Paramahansa Yogananda placerade. På så sätt visar vi vördnad och kärlek till dem som är Guds redskap att föra ut Self-Realization Fellowships lära till världen. Vördnad är respekt i dess högsta form och en annan viktig aspekt av gudomlig lag - vilken vägleder människan till gudomlig insikt genom guru-lärjunge relationen.

Tänk hur lite respekt vi visar gentemot Gud och mänskligheten. Många av dagens problemfyllda ungdomar har förlorat respekten för de äldre, för den sociala ordningen och, som en följdreaktion, även för sig själva. När själv-respekten försvinner, sätter förfallet in. Sann respekt, för en själv och för andra, växer ur förståelsen av ens gudomliga ursprung. Den som känner sig själv som Självet, en individuell gnista av Gud, vet också att varje mänsklig varelse är ett uttryck för det Gudomliga. I glädje och vördnad bugar han för den Ende i oss alla.

Genom att kultivera respekten för gurun som Guds företrädare, och för sina medmänniskor som Guds avbilder, stärker lärjungen sitt eget andliga växande. En respektfull attityd gentemot gurun underlättar förmågan att genom gurun uppleva Gud. Och med denna ökade mottaglighet följer förståelsen av vad som är rätt och värdigt, vilket leder till vördnad inför Gud och guru. När man så slutligen är redo att, i både själ och hjärta, buga inför någonting annat än egot, tar en inre transformation plats. Man utvecklar ödmjukhet. Egot är som en bastant ogenomtränglig fängelsemur runt själen - människans sanna natur - och den enda kraft som kan bryta ner denna mur är ödmjukhet.

Du som läst *En Yogis Självbiografi* minns kanske förvåningen hos Lahiri Mahasaya när han, under en Kumbha Mela[4], såg *mahavataren*, Babaji, tvätta fötterna på en vanlig sadhu. "Guruji!" utbrast han. "Vad gör du här?" "Jag tvättar fötterna på den här munken" svarade Babaji, "sedan ska jag göra rent hans kokkärl. Jag lär mig den största av dygder, det som gör Gud mest glad - ödmjukhet."

Ödmjukhet är visdomen som erkänner "Den som är större än vi själva". De flesta människor tillber ego-självet. Men när lärjungen istället bugar inför ett högre Själv och inför gurun - det gudomliga redskap med vars hjälp han söker hitta detta högre Själv - blir han ödmjuk nog att bryta ner egots murar. Han upplever då hur en allt mer expanderande gudomlig medvetenhet väller upp från detta högre Själv.

En ödmjuk person är en verkligt fridfull och glad människa. Han tar aldrig vid sig av sina medmänniskors ombytlighet och flyktiga kärleksyttringar. Han förblir oberörd inför den mänskliga naturens alla växlingar när det gäller kamratskap, positioner och trygghetssökande. Alla tankar på egen vinning och självdyrkan avtar och

---

[4] En religiös mässa som besöks av tusentals asketer och pilgrimer.

bleknar bort hos en ödmjuk människa. Skrifterna säger: "När detta 'jag' dör - först då kommer jag att veta vem jag är." När egot försvinner, vaknar själen - Guds avbild som sover inom oss - och kan äntligen uttrycka sig. Lärjungen kommer då att manifestera sin själs alla gudomliga kvaliteter och befrias för alltid från *mayas* ignorans - villfarelsen som är påtvingad alla varelser i Guds skapelse-drama.

Så håll i minnet: Respekt ger upphov till vördnad, vilken åtföljs av ödmjukhet. När lärjungen börjar utveckla dessa kvaliteter närmar han sig snabbt Målet för sin andliga strävan.

Trons beståndsdelar

Trons alla beståndsdelar förädlas i *chelan* genom guru-lärjunge relationen. Vår värld är byggd på lagen om relativitet, vilket gör den instabil. Vi vet inte om vi, från en dag till en annan, kommer att vara friska eller drabbade av sjukdom. Vi vet inte om våra nära och kära som är hos oss idag kommer att vara här i morgon. Vi vet inte om den fred vi har idag kommer att krossas av krig i morgon. Detta, att inte veta, skapar en stor osäkerhet hos människan. Det förklarar varför det finns så mycket psykiskt lidande och så mycket rastlöshet i världen. Det är också orsaken till varför människan blint klamrar sig fast vid det materiella. Hon vill klättra högre på samhällsstegen, bli berömd, tjäna mer pengar. Hon vill ha ett större hus, fler kläder, en ny bil. Alla dessa saker, inbillar hon sig, skänker trygghet i en skrämmande och osäker värld. Så griper hon efter olika objekt och gör dem till sina gudar.

Sann tro föds ur en *upplevelse* av sanning och verklighet - en direkt vetskap om de gudomliga krafter som upprätthåller hela skapelsen. Människan är otrygg så länge hon inte har fått denna upplevelse. Jesus sa, "I sanning säger jag er - om ni har tro så stor som ett senapskorn, kan ni säga till det här berget: Flytta dig dit bort, och det kommer att flytta sig. Inget kommer att vara omöjligt för er" (Matteus 17:20).

Vi har svårt att tro på "något vi inte ser", därför har vi också svårt att känna tillit. Faktum är att människan är oförmögen till att tro, ända tills hon upplever något som inte sviker henne. Guru-lärjunge relationen skänker henne denna övertygelse. Lärjungen upptäcker i gurun en som representerar Gudomlighet. Gurun lever efter gudomliga principer, han visar på Gud i sitt liv. Han är ett förkroppsligande av "Det vi inte kan se".

Gurun är också en manifestation av ovillkorlig gudomlig kärlek. En som, oavsett vad vi gör, aldrig slutar älska oss. Denna kärlek ingjuter tro. När vi dag för dag, år efter år, får bevis på vår gurus kärlek, växer vår tro till vetskap. Vi inser att Gud har sänt en som kommer att vaka över oss varje ögonblick, varje dag, liv efter liv - en som aldrig kommer att släppa oss ur sikte. Detta är gurun - i vilken vår tro kan få växa när vi inser att han är ett med Gud.

Det krävs fullständig tillit från lärjungen i denna

relation. Gurun säger till *chelan*, "Mitt barn, om du vill lära känna Gud, om du vill få kraften att återvända till Honom, måste du utveckla tro på Det du inte kan se eller ta på - Det som dina sinnen inte kan uppfatta. Du måste ha förtröstan till Den Ende för Han är det enda verkliga bakom Det som du med dina begränsade mänskliga sinnen nu upplever och kallar verklighet."

För att hjälpa lärjungen att kultivera sin tro, säger gurun: "Följ mig - blint om så krävs." Egot skymmer vår sikt men gurus seende är kristallklart. Hans visdoms ögon är alltid fullt öppna. För honom finns ingen skillnad mellan igår, idag och imorgon. I hans gudomliga sinne är dåtid, nutid och framtid ett och detsamma. Paramahansaji sa ofta: "I Guds medvetande existerar varken tid eller rymd, allting händer i det eviga nuet. Människan uppfattar bara en liten länk i evighetens kedja, ändå tror hon sig veta allt." Gurun, som är ett med Gud, och vars medvetande har blivit renat från de vanföreställningar som fördunklar människornas sinnen, upplever evigheten. Han ser lärjungens nuvarande tillstånd, vad *chelan* strävar efter att bli, all kamp denne redan gått igenom under många inkarnationer och de hinder som väntar. Endast gurun kan säga, "Det här är vägen till Gud". Och fastän lärjungen måste lyda blint är vägen trygg och säker.

Från allra första stunden av ens *sadhana* måste man lyssna och tillitsfullt följa även de aspekter av guruns instruktioner som man inte helt förstår. Gurudeva sa ibland, när en lärjunge började diskutera med honom angående en instruktion han givit: "Jag har inte tid för din logik. Gör bara som jag säger." I början kunde det verka helt orimligt men de som åtlydde denna typ av träning utan att ifrågasätta fick snabbt sin belöning. Följ guruns lära för han ser, han vet. Genom din intuition kommer han att guida dig när du uppmärksamt och villigt följer hans instruktioner. Lärjungens tillit möjliggör för gurun att föda den allsmäktiga kraften av tro i sin *chela*.

Genom att i gurun ha en som kan ge oss trygghet i Gud - en vars hand vi kan ta med förvissning om att tryggt och säkert bli vägledda genom *mayas* mörker - börjar vi utveckla den tro som är nödvändig för att lära känna Gud.

Guruns hjälp

Gurun hjälper sin lärjunge på otaliga sätt. Kanske främst för att han inspirerar *chelan* genom att åskådliggöra olika gudomliga egenskaper. Han är "den tysta Gudens röst"[5] och en inkarnation av den högsta visdomen, den renaste kärleken. Han förkroppsligar de själskvaliteter som reflekterar Gud. Han symboliserar vägen och målet. Jesus sa: "Jag är vägen, sanningen och livet" (Johannes 14:6). Gurun är vägen - det högsta exemplet av den *sadhana* han ger till sina lärjungar. Han demonstrerar Sanningens

---

[5] Från Paramahansa Yoganandas hyllning till sin *guru*, Swami Sri Yukteswar, ur *Whispers from Eternity*, publicerad av Self-Realization Fellowship.

gudomliga lag och lär ut hur man tillämpar den för att bli ett med Gud. Han ger *chelan* andlig inspiration och kraft att följa stigen som leder till evigt liv i Gud.

Nybörjaren kan tänka att eftersom gurun är gudomlig så är det omöjligt för *chelan* att efterlikna honom. En sådan lärjunge ombads av Paramahansa Yogananda att utföra en uppgift vilken låg bortom hans förmåga. När denne protesterade att han inte kunde utföra uppgiften, svarade Paramahansaji snabbt och empatiskt: "Jag kan!" "Men, Gurudeva, *du* är Yogananda. Du är ett med Gud." Lärjungen förväntade sig att Paramahansaji skulle svara: "Ja, du har rätt. Ta din tid. Så småningom kommer du att lyckas." Men Gurudeva svarade: "Den enda skillnaden mellan dig och en Yogananda är att jag har gjort arbetet. Nu måste *du* anstränga dig!"

Två uttalanden Paramahansaji aldrig accepterade från dem han tränade var: "Jag kan inte" och "Jag vill inte". Han insisterade på att man alltid skulle vara villig att göra jobbet.

Paramahansaji sa ofta: "Livet är som en hastigt forsande flod. När du söker Gud, måste du simma mot strömmen av världsliga frestelser som ständigt drar dina tankar och sinnen till det begränsade materiella medvetandet. Du måste, varje sekund, fokusera på att simma motströms. Om du slappnar av det allra minsta kommer illusionens starka ström att föra dig med sig. Dina ansträngningar måste vara konstanta."

De Vediska skrifterna fastslår att av de andliga krafter som krävs för att återförena *chelans* själ med Gud, behöver lärjungen endast bidra med tjugofem procent andlig ansträngning. Ytterligare tjugofem procent är guruns välsignelser. De återstående femtio procenten tillkommer genom Guds nåd. Alltså är lärjungens ansträngningar jämförbara med gurus och Gud bidrar med lika mycket som lärjungen och gurun tillsammans. Men även om lärjungens arbete bara är en fjärdedel av helheten, måste han hundraprocentigt börja med sin del, utan att först invänta Guds och gurus välsignelser. När *chelan* sålunda gör sitt yttersta, följer gurus välsignelse och Guds nåd automatiskt.

Gurun hjälper *chelan* även genom att ta på sig mycket av dennes karmiska[6] börda. Han kan dessutom, på Guds befallning, göra detsamma med delar av mänsklighetens samlade karma.

"Människosonen kom inte för att bli tjänad utan för att tjäna och för att ge sitt liv som lösen för många" (Matteus 20:28). När Jesus lät sin kropp bli korsfäst tog han på sig delar av sina lärjungars individuella karma, liksom även en del av mänsklighetens. Vi såg ofta den här förmågan manifesteras i Paramahansa Yogananda. Efter att ha helat en person från en sjukdom fick han, under en period,

---

[6] Effekter av tidigare handlingar, i detta eller tidigare liv. Från Sanskrit *kri*. "att göra". Se ordlista.

samma symptom i sin egen kropp. Under Koreakriget kunde han i ett tillstånd av *samadhi* skrika av smärta när han led med de skadade och döende soldaterna på slagfältet.

En Spegel av Perfektion

Gurun fungerar också som en spegel som reflekterar lärjungens personlighet. När lärjungen har uttryckt "Jag vill ha Gud", börjar han vandra längs vägen som leder mot perfektion. För att kunna bli ett med Gud måste han åter uttrycka sin inneboende själs perfektion. Han måste eliminera egot och dess inverkan på alla tankar och handlingar. Om *chelan* står framför "guru-spegeln" med vördnad, hängivenhet, tillit, lydnad och överlämnande, kommer den att visa honom de personliga svagheter som blockerar hans väg mot Målet.

Trots att Paramahansaji såg våra brister och påpekade dem för lyhörda lärjungar, uppehöll han sig aldrig vid dessa. Han nämnde dem bara om det behövdes för vårt eget, andliga bästa. Han koncentrerade sig först och främst på var och ens goda kvaliteter. När han tillrättavisade någon tillade han: "Analysera dig själv så att du förstår karaktären av svagheten och dess orsak och verkan, därefter tar du bort den ur ditt medvetande. Uppehåll dig inte vid den. Koncentrera dig istället på att kultivera och uttrycka den motsatta, goda kvaliteten."

Med andra ord: Om man är fylld av tvivel ska man praktisera tro. Om man är rastlös ska man affirmera och praktisera lugn. "Tillskansa dig en dygd, om du ej en redan äger."[7]

Hur man följer Gurun

Lärjungen lär sig följa gurun genom att efterlikna hans exempel och troget praktisera den *sadhana* han erbjuder. Trots att de första försöken inte blir perfekta måste lärjungen fortsätta göra den nödvändiga ansträngningen ända tills han lyckas.

Att följa gurun längs Self-Realization Fellowships väg, innebär att fylla den dagliga vetenskapliga meditationen med hängivenhet samt att balansera meditation med rätt aktivitet. Paramahansaji undervisade ur Bhagavad Gita: "Rätt aktivitet betyder aktivitet som påminner oss om Gud och som utförs utan begär efter handlingens frukt. Att inte söka resultat för egen vinning, utan endast för att glädja Gud."

Somliga tror att ett liv tillsammans med en guru betyder att man spenderar dagarna vid hans fötter - mediterande i lycksalig *samadhi* och entusiastiskt insupande hans visdomsord. Det var långt ifrån den träning vi fick av vår guru Paramahansa Yoganandaji. Vi var mycket aktiva och ofta helt uppslukade i att tjäna andra. Gurudeva var outtröttlig i sitt arbete för Gud och mänskligheten. Genom sitt exempel lärde han oss att vara vår uppgift totalt

---

[7] Hamlet, Akt 3, Scen IV.

hängiven. Att vara andlig betyder att avskaffa egot och all själviskhet. Om han arbetade hela natten, arbetade vi hela natten. Gurudevas gränslösa kärlek till mänskligheten fann sitt uttryck i ett aktivt, förbehållslöst tjänande. Samtidigt påminde han oss ständigt om vikten av att balansera denna pågående aktivitet med djup meditation, vilken leder till kommunikation med Gud och realiserande av Självet.

"Läran kommer att vara Gurun"

"När jag är borta" sa Paramahansaji, "kommer läran att vara gurun. De som lojalt följer denna väg av Self-Realization och praktiserar dessa Lektioner kommer att vara intonade med mig, Gud och alla Paramgurus[8] som sände detta arbete ut i världen." Genom Self-Realization Fellowships Lektioner finner man all den guidning och inspiration som krävs för att tryggt kunna vandra vägen till Gud. Varje Self-Realizationist bör ständigt sträva efter att följa Gurudevas råd. Hans lära är applicerbar på alla aspekter av livet - inte enbart som en filosofi utan som ett sätt att leva. De som följer Paramahansajis lära vet att mellan lärjunge och guru finns ingen separation. Vare sig gurun existerar i fysisk form eller har lämnat denna jord för att vistas i den astrala eller kausala världen, eller

---

[8] Bokstavligt "gurus bortom", i detta fall: Swami Sri Yukteswar (Paramahansa Yoganandas guru), Lahiri Mahasaya (Sri Yukteswars guru), och Mahavatar Babaji (Lahiri Mahasayas guru).

i Anden bortom skapelsen, är han alltid närvarande hos den intonade *chelan*. Denna intoning leder till befrielse. I sin förening med Gud är en sann guru allsmäktig. Han kan nå igenom från andra världar och hjälpa lärjungen att realisera Gud. Denna andliga hjälp från gurun är ett gudomligt och evigt löfte. Stor är lyckan hos den lärjunge som har blivit ledd till en sann guru. Ännu större blir hans lycka om han ärligt söker perfektion genom sant engagemang och efterlevnad av sin gurus lära.

Relationen Guru-Lärjunge är evig

Gurun är överallt närvarande. Hans hjälp, hans guidning och hans lära består - inte bara under de få år han lever på jorden - utan för alltid. Hur ofta sa inte vår guru: "Många sanna lärjungar har kommit under min livstid. Jag känner igen dem från tidigare liv. Många fler återstår. Jag känner även dem. De kommer att anlända efter att jag lämnat den här kroppen." Guruns hjälp till följare som verkligen menar allvar, slutar inte när han lämnat sin kropp. Om den gjorde det, skulle han inte vara en sann guru. Medvetandet hos en sann guru är oändligt - evigt vaksamt, evigt intonat, ostört av livets och dödens kretslopp. Hans medvetenhet om *chelan* och hans länk med denne är konstant.

Paramahansaji hänvisade till detta eviga ansvar när han talade om den tid då han inte längre skulle finnas hos oss i fysisk form: "Minns alltid att när jag lämnar kroppen och inte kan använda den här rösten, kommer jag ändå att känna till varje tanke ni tänker, varje handling ni utför."

Så som Gud är överallt närvarande, är också gurun överallt närvarande. Han vet vad som finns i tankarna och i hjärtat hos varje lärjunge. "Jag träder aldrig in i livet hos den som inte önskar det" sa Paramahansaji, "men hos den som givit mig tillstånd och som söker min guidning - hos honom är jag ständigt närvarande. Mitt medvetande är intonat med hans och med dess minsta skälvning."

När Gurudeva var fysiskt närvarande ibland oss, lärde han oss att inte bli beroende av hans personlighet, utan att i stället tona in med hans medvetande. Han tog hand om våra tankar, våra medvetandetillstånd. Tack vare denna träning är det idag ingen skillnad jämfört med när Gurudeva var närvarande i fysisk form. Han är alltid med oss.

Till denna den femtionde årsdagen av Convocation har hundratals kommit från olika delar av världen - människor som aldrig träffade Paramahansaji under hans livstid. Ändå, se vad Gurudevas läror har skänkt er alla i er uppriktiga andliga strävan! Hans välsignelse har nått fram till var och en av er för att han är överallt närvarande och för att ni gjort er själva tillgängliga - genom er hängivenhet, genom att ni praktiserar hans läror och genom den lojalitet ni har inför den institution han grundade. Dessa goda handlingar och kvaliteter har gett er, såsom lärjungar, djup andlig intoning med Paramahansa Yogananda - Gurun.

Guru *Diksha*

Guru-lärjunge relationen är formellt etablerad genom Guds välsignelse när lärjungen tar emot *diksha* (initiering eller andligt dop) från gurun eller genom den kanal som *gurun* etablerat. Under initieringen sker ett ömsesidigt utbyte av ovillkorlig evig kärlek och lojalitet. Ett band formas genom lärjungens löfte att acceptera och troget följa gurun - och gurus löfte att leda lärjungen till Gud.

En del av diksha är gurus överlämnande av en andlig teknik som kommer att ge lärjungen frihet - en teknik som lärjungen lovar att flitigt praktisera. Inom Self-Realization Fellowship är gåvan *Kriya Yoga*, antingen under en formell initierings-ceremoni eller, om detta inte är möjligt, i *bidwat* - på ett icke-ceremoniellt vis.

Även i en så kraftfull andlig teknik som Kriya Yoga, saknas en nödvändig ingrediens om den inte välsignats av guru-lärjunge relationen. Gurun beskriver tydligt villkoren för att kunna acceptera en följare som lärjunge. Initiering måste därför tas emot på ett sätt som uppfyller dessa villkor och därigenom länkar lärjungen med gurun – på så sätt kan den andliga kraften i denna relation börja arbeta i lärjungens liv.

Kabir, den store indiske poeten och helgonet, sjöng *gurus* lovsång med dessa ord:

Det är med min sanna Gurus nåd jag fått lära känna det okända.

Jag har från honom fått lära att gå utan fötter, se utan ögon,
höra utan öron, dricka utan mun, flyga utan vingar.
Jag har tagit min kärlek och min meditation
till landet utan sol eller måne, dag eller natt.
Utan att äta har jag smakat nektarns sötma
och utan vatten har jag släckt min törst.
Där glädjens svar finnes,
där existerar också lyckans fulländning.
Inför vem kan denna lycka uttalas?
Kabir säger: Inga ord kan beskriva Guruns storhet
och stor är lärjungens lycka.

Om författaren

Sri Mrinalini Mata, en av de personligen utvalda och undervisade av Paramahansa Yogananda för att fortsätta driva hans samfund efter hans bortgång, var president och andlig ledare för Self-Realization Fellowship /Yogoda Satsanga Society of India från 2011 fram till sin död 2017. Hon ägnade mer än 70 år till att osjälviskt tjäna Paramahansa Yoganandas livsverk.

Det var år 1945, i Self-Realization Fellowships tempel i San Diego, som den framtida Mrinalini Mata först träffade Paramahansa Yogananda. Hon var då fjorton år gammal. Bara några månader senare uppfylldes hennes önskan att få dedikera sitt liv till att söka och tjäna Gud - när hon fick sina föräldrars tillåtelse att, som nunna i Self-Realization Fellowship, flytta till Sri Yoganandas ashram i Encinitas, Kalifornien.

Varje dag, fram till sin död 1952 ägnade Paramahansaji stor uppmärksamhet åt den andliga träningen av denna unga nunna (hon avslutade även sin formella utbildning i den lokala skolan). Ända från början av hennes liv i ashramet, betonade han inför de andra lärjungarna hennes framtida roll och tränade henne personligen i att bearbeta hans skrifter och föredrag för publikation efter hans bortgång.

Mrinalini Mata, vars namn refererar till lotusblomman - i Indien traditionellt betraktad som en symbol för renhet och andlig utveckling - tjänade under många år som chefredaktör för Self-Realization Fellowships böcker, *Lektioner* och tidskrifter. Bland de verk som tillkommit genom hennes arbete är Paramahansa Yoganandas mästerliga kommentar till de fyra evangelierna (*The Second Coming of Christ: The Resurrection of the Christ Within You*), hans av kritiker hyllade översättning och kommentar till Bhagavad Gita (*God Talks With Arjuna*), flera volymer av hans poesi och inspirerande skrifter samt tre långa antologier innehållande föredrag och essäer.

Föredrag av Mrinalini Mata på CD

Look Always to the Light

Living in Attunement With the Divine

The Yoga Sadhana That Brings God's Love and Bliss

Guided Meditation for Christmastime

Embracing and Sharing the Universal Love of God

Tuning In to God's Omnipresence

The Guru: Messenger of Truth

The Interior Life

If You Would Know the Guru

Look Always to the Light

Paramahansa Yogananda
(1893-1952)

"Idealet - kärlek till Gud och tjänande av mänskligheten - fann sitt fulla uttryck i Paramahansa Yoganandas liv... Trots att han tillbringade den mesta tiden utanför Indien, tar han plats bland våra stora helgon. Hans arbete fortsätter att växa och lysa allt starkare - överallt ifrån drar det till sig människor på pilgrimsvandringens väg mot Anden."

- Ur en hyllning från Indiens regering vid utfärdandet av ett minnesfrimärke till Paramahansa Yoganandas ära.

Paramahansa Yogananda, född i Indien den 5 januari 1893, ägnade hela sitt liv åt att hjälpa människor av alla raser och religioner att realisera och mer fullständigt uttrycka själens skönhet, ädelhet och gudomlighet.

Efter examen från Calcutta University år 1915, initierades Sri Yogananda som munk i Indiens aktningsvärda Swami Order. Två år senare började han sitt livsverk med grundandet av en "How-to-live" skola, som sedan dess vuxit till sjutton läroanstalter runt om i Indien. Utbildningen blandar traditionella akademiska ämnen med yoga-träning och instruktioner i andliga ideal. År 1920 blev han inbjuden att tjäna som Indiens delegat vid en Internationell Konferens för Religiösa Liberaler i Boston. Hans anförande där blev entusiastiskt mottaget, liksom raden av påföljande föreläsningar längs ostkusten och år 1924 gav han sig ut på en föreläsnings-turné över hela landet.

Under de tre kommande decennierna bidrog Paramahansa Yogananda på ett omfattande sätt till en ökad medvetenhet och förståelse i väst för den österländska andliga visdomen. I Los Angeles etablerade han ett internationellt huvudkontor för Self-Realization Fellowship; det icke-sekteristiska, andliga sällskap som han hade bildat år 1920. Genom sina skrifter, omfattande föreläsningsturnéer och uppbyggandet av Self-Realization Fellowships tempel och meditations center, introducerade han hundratusentals sanningssökare till Yoga - den uråldriga vetenskapen och filosofin med dess universellt applicerbara meditationsmetoder.

Idag fortskrider Paramahansa Yoganandas andliga och humanitära arbete under ledning av Brother Chidananda - president för Self-Realization Fellowship/Yogoda Satsanga Society of India. Utöver publicerandet av Paramahansa Yoganandas skrifter, föreläsningar och informella tal (inklusive en omfattande serie av *Self-Realization Fellowships Lektioner* för hemstudier) övervakar sällskapet tempel, retreater och center runt om i världen, Self-Realization Fellowship ashrams samt en världsomspännande Worldwide Prayer Circle.

I en artikel om Sri Yoganandas liv och arbete skrev Dr. Quincy Howe Jr., professor i forntida språk på Scripps College: "Paramahansa Yogananda förde med sig till väst inte bara Indiens ständiga löfte om realiserandet av Gud, utan också en praktisk metod med vilken andliga aspiranter från alla samhällsskikt kan utvecklas snabbt mot detta mål. Efter att i väst ha uppskattats endast på den mest upphöjda och abstrakta nivån, är nu Indiens andliga arv tillgängligt i form av övningar och upplevelser för var och en som strävar efter att känna Gud - inte bortom döden, utan här och nu... Yogananda har placerat inom räckhåll för oss alla, de allra mest upphöjda metoderna för kontemplation."

How-to-Live Serien
Ordlista

Andliga Ögat. Intuitionens och den andliga uppfattningsförmågans öga. *Kristus-centret (Kutastha)* mellan ögonbrynen. Porten till högre medvetande-tillstånd. Under djup meditation blir det andliga ögat synligt som en starkt lysande stjärna omgiven av en blå ljussfär med en lysande gloria av guld omkring sig. Detta allvetande öga hänvisas ofta till som det tredje ögat, stjärnan i öster, det inre ögat, duvan som stiger ned från himlen, Shivas öga eller intuitionens öga. "Om därför ditt öga är ett enda, skall hela din kropp bli full av ljus" (Matteus 6:22).

Ashram. Andligt center, ofta ett kloster.

Astralvärlden. Den subtila värld av ljus och energi som ligger bakom vårt fysiska universum. Det astrala universumet (himlen) är det materiella universumets "blåkopia" - där varje varelse, objekt och vibration på det fysiska planet har en astral motsvarighet. Ett resonemang kring den astrala världen och den än mer subtila kausala (idé-världen av tanke) återfinns i kapitel 43 i Paramahansa Yoganandas bok *En Yogis Självbiografi*.

Aum (Om). Sanskrit rot-morfem, eller ursprungs-ljud, vilket symboliserar den aspekt av Gud som skapar och upprätthåller allt skapat - Kosmisk Vibration. *Aum* från vedaskrifterna blev tibetanernas heliga ord *Hum,* muslimernas *Amin* samt egyptiernas, grekernas, romarnas, judarnas och de kristnas heliga *Amen*. Världens stora religioner menar att allt skapat kommer ur den kosmiska vibrationen *Aum* eller *Amen*, Ordet eller Helig Ande. "I Begynnelsen fanns Ordet, och Ordet fanns hos Gud... Allt blev till genom det (*Ordet* eller *Aum*) och utan det blev ingenting till av allt som finns till" (Johannes 1:1,3).

Avatar. Från Sanskrit *avatara* ("nedstigande"), i betydelsen nedstigning av Gudomlighet i fysisk kropp. En som uppnår enhet med Ande och sedan återvänder till jorden för att hjälpa mänskligheten, kallas en *avatar*.

Bhagavad Gita. "Herrens Sång". Del av det antika indiska eposet *Mahabharata,* presenterat i form av en dialog mellan *avatar Lord Krishna* och hans lärjunge Arjuna. En djuplodande avhandling om Yoga som vetenskap och ett tidlöst recept på lycka och framgång i vardagslivet.

Bhagavan Krishna (Lord Krishna). En *avatar* som levde i Indien flera århundraden före Kristus. Hans undervisning av *Yoga* är presenterad i *Bhagavad Gita*. En av de betydelser som givits *Krishna* i de Hinduiska skrifterna är "Allvetande Ande". Sålunda signifierar titeln *Krishna*, liksom *Kristus*, den andliga magnituden hos en *avatar* - dvs. hans enhet med Gud (se *Kristus-medvetande).*

Guru. Andlig lärare. Guru *Gita* (vers 17) beskriver träffande gurun som "den som skingrar mörkret" (från *gu* - "mörker" och *ru* - "det som skingrar"). Ordet guru används ofta felaktigt till att syfta på vilken lärare eller instruktör som helst. I själva verket är en sann upplyst guru en som, efter att ha bemästrat sitt ego, uppnått insikten om sin enhet med den överallt närvarande Anden. En sådan person är unikt kvalificerad att leda andra på deras inre andliga resa.

Det närmaste engelska ordet för guru är *Master* (sv. Mästare). Av respekt använde Paramahansa Yoganandas lärjungar ofta denna benämning när de talade eller refererade till honom.

Karma. Effekten av tidigare handlingar - från detta eller föregående liv. Karmalagen är lagen om krafter och motkrafter, orsak och verkan, vad vi sår får vi skörda. Genom sina tankar och handlingar skapar människan sitt eget öde. Alla de krafter hon sätter i rörelse, kloka som okloka, måste enligt karmalagen återkomma - liksom en cirkel som obönhörligt fullbordar sig själv. En individs *karma* följer henne från inkarnation till inkarnation tills det blivit uppfyllt eller andligt genomgånget. (se *reinkarnation*).

Kosmiskt Medvetande. Det Absoluta - Ande bortom skapelsen. Även det tillstånd av enhet med Gud, både bortom och inom den skapade vibrerande världen, som uppnås i *samadhi* meditation.

Krishna. Se *Bhagavan Krishna*.

Kristus-center. Centret för koncentration och vilja, placerat i punkten mellan ögonbrynen - sätet för *Kristus-medvetandet* och det *andliga ögat*.

Kristus-medvetande. Det projicerade Guds-medvetandet som existerar i hela skapelsen. I kristna skrifter är benämningen "den enfödde sonen" - den enda rena reflektionen av Gud Fadern i den fysiska världen. I Hinduiska skrifter kallas det *Kutastha Chaitanya* - Guds kosmiska intelligens, överallt närvarande i hela universum. Det är detta universella medvetande, enheten med Gud, som Jesus, Krishna och andra avatarer manifesterar. Stora helgon och yogis upplever det som tillståndet i *samadhi* meditation då deras medvetande har blivit ett med den intelligens som genomsyrar varje partikel av skapelsen. De upplever då hela vårt universum som sin egen kropp.

Kriya Yoga. En helig andlig vetenskap, vars indiska ursprung är tusentals år gammalt. En form av Raja ("royal/ kunglig" eller "komplett") *Yoga* som inkluderar bestämda, avancerade meditationstekniker vilka leder till en direkt, personlig upplevelse av Gud. *Kriya Yoga* beskrivs i kapitel 26 i *En Yogis Självbiografi* och lärs ut till dem som studerar *Self-Realization Fellowships Lektioner* och som uppfyller särskilda, andliga krav.

Maya. Den kraftfulla illusion, inneboende i skapelsens

struktur, genom vilken den Ende upplevs som många. *Maya* är principen om relativitet, omkastning, kontrast, dualitet, motsatta tillstånd. Gamla Testamentets profeter kallade den för "*Satan*" (på Hebreiska "motståndaren"). Yogananda skrev följande: "På Sanskrit betyder ordet *maya* "den som mäter". Det är den magiska kraften i skapelsen genom vilken skenbara begränsningar och uppdelningar blir närvarande i det Omätbara och Oskiljbara... I Guds plan och lek *(lila)* är *Satans/Mayas* enda funktion att dra människan från Gud till materia, från verklighet till overklighet... *Maya* är naturens föränderliga slöja... slöjan som var och en måste lyfta för att kunna se Skaparen - den allomfattande, oföränderliga, eviga Verkligheten."

Paramahansa. Andlig titel som betecknar den som uppnått det högsta tillståndet av obruten enhet med Gud. Kan endast utdelas av en sann guru till en kvalificerad lärjunge. Swami Sri Yukteswar gav denna titel till Yogananda år 1935.

Reinkarnation. En diskussion om *reinkarnation* finns i kapitel 43 i Paramahansa Yoganandas bok *En Yogis Självbiografi*. Där förklaras att våra tidigare handlingar sätter igång de krafter som drar oss tillbaka till det materiella planet. Under en lång följd av liv återvänder vi till jorden för att genomgå de upplevelser som är frukterna av dessa tidigare handlingar och för att fullfölja en process av andlig utveckling - en process som slutligen leder till insikten om själens inneboende perfektion och enhet med Gud.

Samadhi. Andlig hänryckning, super-medveten upplevelse, fullständig enhet med Gud som den allomfattande högsta Verkligheten.

Satan. Se *Maya*.

Self-Realization. Förverkligandet av ens sanna identitet som Självet - ett med det universella Guds-medvetandet. Paramahansa Yogananda skrev: "Self-Realization är vetskapen - i kropp, sinne och själ - om att vi är ett med Alltet, den överallt närvarande Guden. Att vi inte behöver be om att det ska komma till oss, utan att Guds allomfattande närvaro är vår allomfattande närvaro. Att vi är lika mycket en del av Honom nu som vi någonsin kommer att vara. Allt vi behöver göra är att förbättra vårt vetande".

Självet. Betecknar *atman,* eller själen, den gudomliga essensen av människan. Till skillnad från det vardagliga självet, vilket utgörs av den mänskliga personligheten eller egot. Självet är individualiserad Ande vars grundläggande natur är evig existens, evigt medveten, evigt ny Lycksalighet.

Yoga. Med ordet *Yoga* (från Sanskrit *yuj* "enhet") menas uppgående av den individuella själen i Gud, men även med vilka metoder detta mål kan uppnås. Det finns olika

Yoga-system. Det Paramahansa Yogananda lär ut är Raja Yoga "royal/kunglig" eller "komplett" yoga, vilken fokuserar på praktiserandet av vetenskapliga meditationsmetoder. Den vise Patanjali, den främste forntida uttolkaren av yoga, har beskrivit åtta obestridliga steg genom vilka *Raja Yogin* uppnår *samadhi* - enhet med Gud.

Dessa är (1) *yama* - moraliskt uppträdande (2) *niyama* - religiösa observationer (3) *asana* - rätt kroppsposition för att stilla fysisk rastlöshet (4) *pranayama* - kontroll av prana (subtila strömmar av livskraft) (5) *pratyahara* - inåtgående (6) *dharana* - koncentration (7) *dhyana* - meditation (8) *samadhi* – super-medveten upplevelse.

Svenska publikationer från Self-Realization Fellowship

Tillgängliga hos www.srfbooks.org
eller andra nätbokhandlare

En yogis självbiografi

Hur du kan samtala med Gud

Lagen om framgång

Metafysiska meditationer

Vetenskapliga helande affirmationer

Relationen Guru-Lärjunge

Engelska böcker av Paramahansa Yogananda

Tillgängliga hos www.srfbooks.org *eller andra nätbokhandlare*
Self-Realization Fellowship

3880 San Rafael Avenue • Los Angeles, CA 90065-3219
Phone +1(323) 225-2471 • Fax +1(323) 225-5088
www.srfbooks.org

Autobiography of a Yogi

God Talks With Arjuna: The Bhagavad Gita
— *A New Translation and Commentary*

The Second Coming of Christ:
The Resurrection of the Christ Within You
— *A Revelatory Commentary on the Original Teachings of Jesus*

The Yoga of the Bhagavad Gita

The Yoga of Jesus

The Collected Talks and Essays

Volume I: Man's Eternal Quest
Volume II: The Divine Romance
Volume III: Journey to Self-realization

Wine of the Mystic:
The Rubaiyat of Omar Khayyam
— *A Spiritual Interpretation*

Songs of the Soul

Whispers from Eternity

Scientific Healing Affirmations

In the Sanctuary of the Soul:
A Guide to Effective Prayer

The Science of Religion

Metaphysical Meditations

Where There Is Light
—*Insight and Inspiration for Meeting Life's Challenges*

Sayings of Paramahansa Yogananda

Inner Peace:
How to Be Calmly Active and Actively Calm

Living Fearlessly
—*Bringing Out Your Inner Soul Strength*

The Law of Success

How You Can Talk With God

Why God Permits Evil and How to Rise Above It

To Be Victorious in Life

Cosmic Chants

Ljudinspelningar med Paramahansa Yogananda

Beholding the One in All

The Great Light of God

Songs of My Heart

To Make Heaven on Earth

Removing All Sorrow and Suffering

Follow the Path of Christ, Krishna, and the Masters

Awake in the Cosmic Dream

Be a Smile Millionaire

One Life Versus Reincarnation

In the Glory of the Spirit

Self-Realization: The Inner and the Outer Path

Övriga publikationer från Self-Realization Fellowship

The Holy Science
– Swami Sri Yukteswar

Only Love:
Living the Spiritual Life in a Changing World
– Sri Daya Mata

Finding the Joy Within You:
Personal Counsel for God-Centered Living
– Sri Daya Mata

Intuition:
Soul Guidance for Life's Decisions
– Sri Daya Mata

God Alone:
The Life and Letters of a saint
– Sri Gyanamata

"Mejda":
The Family and the Early Life of Paramahansa Yogananda
– Sananda Lal Ghosh

Self-Realization
(ett tidningsmagasin grundat av
Paramahansa Yogananda år 1925)

DVD Video

Awake: The Life of Yogananda
En film av CounterPoint Films

En komplett katalog innehållande böcker och ljud/videoinspelningar, inklusive sällsynta arkivinspelningar med Paramahansa Yogananda, finns tillgängliga hos www.srfbooks.org.

Gratis introduktionspaket

De vetenskapliga meditationstekniker som Paramahansa Yogananda lär ut, inklusive Kriya Yoga samt hans vägledning kring alla aspekter av ett balanserat andligt liv, kan studeras i Self-Realization Fellowships Lektioner. Vänligen besök www.srflessons.org för att erhålla ett lättfattligt, kostnadsfritt paket med information om Lektionerna.

Self-Realization Fellowship
3880 San Rafael Avenue • Los Angeles, CA 90065-3219
Phone +1(323) 225-2471 • Fax +1(323) 225-5088
www.yogananda.org

Också utgiven av Self-Realization Fellowship...

EN YOGIS SJÄLVBIOGRAFI
av Paramahansa Yogananda

Denna hyllade självbiografi presenterar ett fascinerande porträtt av en av vår tids stora andliga förgrundsgestalter. Med engagerande ärlighet, vältalighet och humor berättar Paramahansa Yogananda sin inspirerande levnadshistoria - barndomens märkvärdiga upplevelser, alla möten med heliga män och kvinnor runt om i Indien under ungdomens sökande efter en upplyst lärare, de tio årens träning i hermitaget hos en vördad yogamästare samt vistelsen i Amerika, där han levde och undervisade i trettio år. Här skildras också möten med Mahatma Gandhi, Rabindranath Tagore, Luther Burbank, den katolska stigmatisten Therese Neumann och andra hyllade andliga personligheter från öst och väst.

En Yogis Självbiografi är en vacker sammanställning av ett enastående liv och samtidigt en djupgående introduktion till den uråldriga vetenskapen om Yoga och dess respekterade tradition av meditation. På ett lättfattligt sätt förklarar författaren de subtila men absoluta lagarna bakom såväl vardagslivets händelser som de extraordinära tilldragelserna, vanligen kallade mirakel.

Hans fängslande levnadshistoria bildar därigenom bakgrunden till en skarpsinnig och oförglömlig betraktelse av de yttersta mysterierna i människans existens. Boken är ansedd som en modern andlig klassiker och har översatts till fler än femtio språk. Den används också i stor utsträckning som ett referensverk vid många universitet och utbildningsinstitutioner. Ända sedan första utgåvan för mer än sjuttio år sedan har *En Yogis Självbiografi* varit en återkommande bestseller och därmed funnit sin väg in i miljontals människors hjärtan världen över.

"En sällsynt redogörelse."

- The New York Times

"En fascinerande och tydligt framställd studie."

- Newsweek

"Aldrig någonsin har en liknande presentation av Yoga funnits tillgänglig, vare sig på engelska eller på något annat europeiskt språk."

- Columbia University Press

www.ingramcontent.com/pod-product-compliance
Lightning Source LLC
Chambersburg PA
CBHW031433040426
42444CB00006B/782